Bruno Horst Bull

Glückwunsch-Telegramme

Mit Bildern von

M. J. Hummel

ars edition

Ausstattung und Herstellung ars edition
Printed in West-Germany. ISBN 3-7607-9011-9

Hummel

Inhalt

Zum neuen Jahr 7

Zum Valentinstag 15

Zum Auto und zum Führerschein 25

Zur Geburt, Taufe, Firmung und Konfirmation 35

Zum Geburtstag und Muttertag 45

Zur Verlobung und Hochzeit 53

Zum Namenstag 63

Urlaubsgrüße – Urlaubswünsche 71

Zur Silbernen und Goldenen Hochzeit 79

Zum Richtfest 89

Zu verschiedenen Anlässen 97

Zu Weihnachten und Silvester 107

Zum neuen Jahr

Neue Hoffnung

Mitten in der Neujahrsnacht
wird die neue Hoffnung wach,
und ich habe mir gedacht,
schau im Buch der Zukunft nach.
Darin steht: Im neuen Jahr
geht bei (Oma) alles klar.
Damit Du das auch gleich weißt,
diese Nachricht zu Dir reist.
Außerdem noch: Toi – toi – toi
für das Jahr, das jung und neu.
Geld, Gesundheit obendrein,
dann wird's wohl ein Glücksjahr sein.

Viel Glück zum neuen Jahr

Das alte Jahr ist nun vergangen,
es hat ein neues angefangen.
Im Klang der Glocke hört ich's klar:
Viel Glück, viel Glück zum neuen Jahr!

Gute Vorsätze

Zum Abfall wirf das Ungemach
und freu Dich drauf, was kommen mag.
Ein neues Jahr, ein neues Glück!
An Sorgen denk nicht mehr zurück.
Mit Schwung und neuem Lebensmut
wird ab heute alles gut!

Fröhlichkeit für 52 Wochen

Gute Laune, Fröhlichkeit
für 52 Wochen
wünsch ich Dir, und niemals Leid!
Ist das zuviel versprochen?

Mein Glückspilz

Im neuen Jahr,
das wäre fein,
sollst Du ein echter
Glückspilz sein!

Neujahrsraketen

Mit Musik und Knallerei
kam das neue Jahr herbei.
Möge es für groß und klein
wieder mal ein Glücksjahr sein!

Mit neuem Mut

Ein neues Jahr
bringt neuen Mut.
Euch geh's ab heute
nur noch gut.
Gesundheit, liebe Leut!
Ob Euch mein Gruß
erfreut?

Hummel

Schwein sollst Du haben!

Zu Neujahr schenkt aus Marzipan
ein Glücksschwein heute jedermann.
Ich schick ein Glücksschwein mit der Post
zu Dir. Gib ihm Logis und Kost!
Wenn es Dir Glück herbeibringt, dann
nimm mich als Schweinetreiber an!

Leinen los und gute Fahrt

Friedlich und erfreulich sei
dieses Jahr! Ich bin so frei,
Dir zu diesem neuen Jahr
Glück zu wünschen: Alles klar?
Leinen los und gute Fahrt,
am Erfolg sei nicht gespart!

Zum Valentinstag

Verliebte Geschäfte

Heute blühen die Geschäfte,
die mit Kitsch und Blumen handeln.
Und ich sammle Mut und Kräfte,
heimlich bei Dir anzubandeln.
Heimlich braucht es nicht zu sein,
jeder darf es ruhig wissen:
Ich bin groß und nicht mehr klein,
und ich möcht Dich so gern küssen!

Ein Schmucktelegramm mit Blumen

Wenn Du mich noch gerne hast
und noch an mich denkst,
kriegst Du zum Sankt Valentin
was von mir geschenkt.
Der gemalte Blumenstrauß,
sieht er nicht fantastisch aus?

*

Wenn Du recht verliebt bist
oder gar betrübt bist,
wisse, daß hier einer ist,
dem Du die Allerliebste bist.
Also, sei nie mehr betrübt
und nur noch – in mich verliebt.

Viele Grüße zu verschenken

Viele Grüße zu verschenken
hab ich heut zum Valentin,
und ich möchte Dein gedenken,
sende 1000 zu Dir hin!

Der schönste Valentin

Wenn sich zwei recht gut verstehn,
wenn sie gern zusammen gehn,
wenn sie alles von sich wissen
und sich herzen, streicheln, küssen,
ist für sie und ist für ihn
es der schönste Valentin!

Gedenke mein!

Mit Glückwünschen aus allen Ecken
wird man Dich heute voll eindecken.
Ich setz ins Telegramm hinein
zwei Wörtlein nur: Gedenke mein!

Heut am heiligen Valentin

Gerne käm ich zu Dir hin
heut am heiligen Valentin.
Da dies leider nicht kann sein,
trinke ich ein Gläschen Wein
auf Dein Wohl und denke Dein!

Hümmel

Eifersucht

Immer, wenn ich an Dich denke,
zittern mir die Kniegelenke,
denn ich mein, wenn's in mir stürmt,
daß ein andrer mit dir türmt,
Dich mir wegnimmt ohne fragen,
um auf Händen Dich zu tragen.
Meine Trauer wäre groß,
wär ich Dich für immer los.
Ach, die schlimme Eifersucht
habe ich schon oft verflucht!
Doch da sie ein Wahnbild nur,
hör auf meinen Treueschwur.
Und der heilige Valentin
ist mein Zeuge, daß ich's bin.

Der besondere Schutzpatron

Valentin, das weißt Du schon,
ist der Liebe Schutzpatron.
Wenn es taut im Februar,
wenn noch früh und jung das Jahr,
kommt sein Tag, an dem ich Dir
sende diese Reime hier.
Dir allein! Dich hab ich gern,
bist so süß wie Mandelkern!

Seit frühsten Kindertagen

Seit den frühsten Kindertagen
bin ich Dir schon nachgerannt.
Möchte Deine Lippen küssen,
oder aber Deine Hand.
Heute zum Sankt Valentin
hörst Du es per Draht durch »ihn«,
daß er Dich so gerne mag,
doch nicht bis zum Jüngsten Tag
weiter auf Dich warten will.
Besten Gruß! Jetzt schweig ich still.

Zum Auto und zum Führerschein

Zünftig durch die Landschaft

Unvollkommen ist der Mensch,
der zum Dinner oder Lunch
in die Straßenbahn sich drückt.
Wandern ist heut auch »verrückt«,
solche Leute haben's schwer,
voll Gefahr ist der Verkehr.
Doch wer drin im Wagen sitzt
und flott durch die Landschaft flitzt,
der ist zünftig, der ist wer,
und dazu gehört auch »er«.
Unser (Helmut), das ist fein,
kriegte seinen Führerschein.

Vati hat ihn in der Tasche

Mancher Mensch ist nicht vollkommen,
denn ihm fehlt der Führerschein.
Du hast es Dir vorgenommen,
wolltest schnell Besitzer sein.
Gleich auf Anhieb ist's gelungen!
Auf, ihr Freunde, frisch gesungen,
stoßt nun an, erhebt die Flasche.
Vati hat ihn in der Tasche!

Für den, der Spaß versteht!

Jubel, Trubel soll heut sein:
(Steffi) hat den Führerschein!
Endlich hat sie es geschafft.
Und jetzt geht's mit ganzer Kraft,
hup! hinein in den Verkehr.
Vorsicht, Leute, bittesehr!

*

Wenn Du jetzt am Steuer bist,
und Du einen Menschen siehst
auf der breiten Asphaltstraße,
halte ein mit dem Gerase.
Fahre ihn nicht gleich zuschanden!
Einverstanden?

Hals- und Beinbruch!

Lieber Freund, es war Dein Wille:
Heute gibt's den Führerschein!
Meid ab heute die Promille,
dann wirst Du zufrieden sein
mit dem Scheinchen, nagelneu.
Toi – toi – toi!

Dein neuer Superschlitten

Du kauftest ein Auto mit allen Schikanen.
Es trägt Dich über die Autobahnen.
Ich wünsch, daß mit ihm Dir nichts passiert,
und Dich Dein Auto nicht schikaniert.

Zum neuen Motorrad

Ich hört,
mit stolzgeschwellter Brust
genießt Du
Motorfahrers Lust.
Dein neues Fahrzeug
macht Dich stolz,
es ist aus Chrom
und nicht aus Holz.
Doch wenn sie Dich
auch noch so loben:
Behalte Kopf
und Helm stets oben!
Denk auch
beim sportlichen Gerase
an die Gefahren
auf der Straße.
Zu der Maschine,
stark und neu,
nimm meinen Glückwunsch:
Toi – toi – toi!

Alternatives Radeln

Ich staun, doch lach ich mich nicht schief:
Du lebst seit jüngst alternativ
und hast ein Rad Dir angeschafft,
das Du bewegst mit Muskelkraft.
Mein Gruß zum Tage: Ohne Qual
tritt fest und munter ins Pedal!

*

Jetzt geht es munter über Felder
und flott durch noch gesunde Wälder.
Ein feines Stahlroß, blank und neu,
dient Dir seit einigen Tagen treu.
Dies Roß, das keinen Hafer frißt,
und immer fit und willig ist,
braucht lediglich ein Tröpfchen Öl.
Drum sei mit ihm froh und fidel!

Guter Rat zum neuen Rad!

Fahr mit dem Fahrrad stolz und mutig
und stoß Dir Deine Knie nie blutig.
Ein zweiter Rat ist sehr, sehr wichtig:
Fahr auf der Straße stets vorsichtig!

Zur Geburt, Taufe, Firmung und Konfirmation

Gratulation

Ich hab's vernommen,
er ist gekommen,
der kleine Sohn,
der wunderfeine!
Hier ist nun meine
Gratulation.

Zur Geburt eines Sohnes

Ich werde verrückt!
Die Freude ist groß:
Ein Junge kam an!
Wie machtest Du's bloß,
daß diesen Bub Dir
der Himmel bescherte?
Recht herzlichen Glückwunsch!
Und unbeschwerte
Glücksstunden, die nur
ein Vaterherz (Mutterherz) kennt,
sei'n Dir im ganzen
Leben gegönnt!

Zur Geburt einer Tochter

Schaut nur her und schaut nur hin,
eine Erdenbürgerin,
eine neue, winzigkleine,
kerngesunde, superfeine
wurde kürzlich hier geboren.
Süß der Mund und süß die Ohren,
herzig lieb der ganze Wicht.
Drum versäumen wir es nicht,
senden beste Wünsche hin
ihm und auch der Wöchnerin.

Dem Täufling

Hier ist das Weltgetümmel
mit Unrast, Arbeit, Pflicht.
Doch über Dir der Himmel
mit Sonnenschein und Licht.
Der Himmel sei Dir gnädig!
Ich wünsche Dir nur dies:
Daß Du der Sorgen ledig
lebst wie im Paradies!

Liebes Kommunionkind

Auf allen Deinen Wegen
sei des Himmels Segen
stets Dir nah und wichtig.
Dann machst Du es schon richtig!

Dem Firmling

Blick fest ins Auge
dem Schicksal, dem künftigen.
Doch werde nicht bange,
bleib stets im vernünftigen,
sprichwörtlichen, brauchbaren
Mittelmaß.
Dann macht auch Dir
das Leben Spaß!

Zum Konfirmationstag

Heute gehst Du in die Kirche,
kniest vor dem Altar.
Einmal nur in Deinem Leben
gibt's dies Fest fürwahr.
Ob ein Engel seine Hand
schützend halten mag
über Dich? – Auch Deinen Eltern
sei's ein schöner Tag!

Zum Geburtstag und Muttertag

Ewig jung!

Wieder bist Du ein Jahr älter,
doch Du hast den richtigen Schwung.
Werden auch die Glieder kälter,
unser Herz bleibt ewig jung!

Einem jung gebliebenen Geburtstagskind

Immer wieder hört man sagen,
daß die Menschen älter werden,
wenn sie neu Geburtstag haben.
Doch bei Dir muß ich mich fragen,
wie Du's machst, auf dieser Erden
ohne Kummer und Beschwerden
Jahr um Jahr *jünger* zu werden?

Hummel

Zur Volljährigkeit

Mündig bist Du heut geworden,
dieses ist ein großer Tag.
Sei drauf stolz wie auf'nen Orden,
den ein Hofrat tragen mag.
Heut kannst Du Dich wählen lassen
bis zum Bundestag, und das,
was noch wichtig ist, auch wählen,
adoptier'n und sonst noch was.
Heut kann man Dich voll bestrafen.
Heute ist es Dir beschieden,
Deine Freiheit Dir zu schaffen.
Dir Dein Glück nun selbst zu schmieden.

So wirst Du alt

Wer nie sich ärgert, wenn's ihn rüttelt,
wen Neid und Eifersucht nicht schüttelt,
wer nicht zu üpp'ge Mahlzeit hält,
wer lächelnd dreinblickt in die Welt,
wer zärtlich zu den Damen ist
und niemals sich beim Spiel vergißt,
wer nicht beim Feste feiern lallt,
der wird mal 100 Jahre alt!

Der lieben Mutter

Meine liebe, gute Mutter,
laß Dir aus der Ferne sagen,
daß wir uns doch gut vertragen,
daß ich immer an Dich denke.
Vieles hast Du um die Ohren,
hast zu tun in Haus und Garten,
mußt oft lange auf mich warten,
doch ich geh Dir nie verloren!
Mutter, dessen sei versichert,
daß ich Dich niemals vergesse.
Wenn Dein Brot ich nicht mehr esse,
hat das seinen wicht'gen Grund.
Heut jedoch zum Muttertage
wird's mal Zeit, daß ich das sage.
Wird's mal Zeit, daß Dank ich sag
heut an diesem Maientag!

Zur Verlobung und Hochzeit

Bis in alle Ewigkeit

Glück und Glas,
gar leicht bricht das.
Aber Euer junges Glück
hält nicht nur im Augenblick,
sondern eine lange Zeit,
bis in alle Ewigkeit!

Sonnenschein auf allen Wegen!

Auf dem Dach der Wetterhahn
schaut sich Sturm und Sonne an;
doch er hält auch Regen aus.
So sei's im Verlobungshaus:
Sonnenschein auf allen Wegen,
auch ein bißchen Wind und Regen!

Guter Rat zur Verlobung

Drei Dinge braucht die Braut,
die sich verlobt:
'ne rosa Brille, Kochbuch und
'nen Mann, der niemals tobt!

Hummel

Ihr beiden!

Ihr beiden!
Mit Freuden
hörten wir,
ein frisch verlobtes
Paar seid Ihr!
Mit Küssen
genießen
den Augenblick,
sei Eure Wonne,
sei Euer Glück.
Ihr beiden,
Ihr schaut gar
nicht ängstlich drein.
Es soll Euch
der Himmel
voll Geigen sein!

Polterabendscherben

Über einen Scherbenhaufen
heut am Polterabend
dürft Ihr Euch die Haare raufen,
er ist nicht erlabend.
Doch die Polterabendscherben
sollen Glück bedeuten:
Ihr zwei sollt den Himmel erben,
wenn die Glocken läuten!

Frohe Fahrt auf dem Ehekahn!

Ich las es in der Tageszeitung!
Jetzt hab ich eine lange Leitung
und sende Euch per Strom und Draht:
Herzlichen Glückwunsch! Ganz privat
kommt heut der Rat von einem Freund,
der's treu und ehrlich mit Euch meint:
Fahrt fröhlich auf dem Ehekahn
und stoßt an keinem Felsen an!

Die Ehe

Die Ehe ist kein Dornenweg,
sie ist ein Weg voll Rosen.
Ihr setzt Euch auf die Rosenbank
zum Küssen und zum Kosen.
Das ist das schönste Spiel auf Erden.
Man könnte richtig neidisch werden!

Rosen auf dem Weg!

Rosen auf den Weg gestreut
Eurer jungen Ehe.
Tappt Ihr in die Dornen nicht,
gibt es auch kein Wehe!

Hochzeit

Dies sei für Euch der schönste Tag,
den Euch der Herr gegeben.
Sorgt, daß die Freude halten mag
für ein langes Leben.
Ihr geht die Ehe heute ein,
sie soll für 60 Jahre sein.
So lang bewähre sich der Bund!
Bleibt beide munter und gesund.
Wenn jeder zu dem andern hält,
ist dies der schönste Bund der Welt!

Zum Namenstag

Kurztelegramm

Mein Telegramm ist nicht sehr lang:
Ich gratulier! Und – werd nicht krank!

Vom Glück die doppelte Portion

Mir fehlen fast die Worte:
Heut gibt's Kaffee und Torte
und große Schmauserei'n,
denn Namenstag soll sein.
Den Kuchen – nur vom Besten! –
laß Dir und Deinen Gästen
gut munden. Doch vom Glück
wünsch ich Dir's größte Stück!

Nimm das Leben nicht so schwer

In der schönsten Blütezeit
ist Dein Heiliger angesiedelt,
darum sei zu diesem Fest
heute fröhlich aufgefiedelt.
Namenstag hat der (Johannes),
und der Sommer kam daher.
Werde glücklich! Jeder kann es;
nimm das Leben nicht so schwer!

Allerbeste Grüße

Der (Silvia) zum Namenstag
die allerbesten Grüße,
die legen wir ihr dienstbeflissen
vor ihre schönen Füße.
Der (Silvia) zum Namenstag
Gesundheit, Glück und kecke Stirn
und alles, was sie selber mag,
und Pfiffigkeit im Hirn!

B.Hümmel

Guten Tag!

Sei gegrüßt! Dein Name hat
seinen Tag. Ich bin auf Draht,
wünsche Dir heut Wohlergehen,
bis wir uns bald wiedersehen.
Zu dem Namenstage sag
ich Dir: Küßchen! Guten Tag.

Mach immer so weiter

Leb munter und froh
wie das Mäuslein im Stroh.
Mach immer so weiter:
Wolkig bis heiter!

Urlaubsgrüße – Urlaubswünsche

Ich warte auf ein Klingelzeichen!

Bitte, ruf mich doch mal an,
damit ich Dir sagen kann,
wie ich Dich so gern doch hab,
lieben möchte bis ans Grab!
Findest Du das ungewöhnlich,
sag ich's Dir auch gern persönlich,
wenn Du hier bist, und zum Schluß
siegel ich's mit einem Kuß.

Sauer auf Petrus

Jetzt sind es schon zwei Wochen
mit nichts als saurem Regen.
Wir sind ins Bett gekrochen.
Kommt Petrus uns entgegen
mit Sonne, statt mit Schauern?
Wir liegen auf der Lauer!
Doch wird's noch länger dauern,
dann sind auch wir ganz sauer.

Gruß von der Alm

Wundervoll die Berge!
Wie zwei Märchenzwerge
kommen wir uns vor.
Daß die lieben Bauern
auf unser »Moos« nur lauern, –
wir tragen's mit Humor!

Aus dem Seebad

Es rauscht das Meer,
die Sonne blickt
wohlwollend her.
Ich würd verrückt,
kämst Du hierher
– oh, wundervoll! –
zu mir ans Meer.
Das wäre toll!

Mach einen drauf!

Nur einmal bringt der Lebenslauf
uns Jugendlust und Lieder.
Merk Dir den Spruch und hör darauf,
zieh durch die Welt, mach einen drauf,
doch komm mir recht bald wieder!

Früh aufstehen zur großen Reise

Die Morgenstund hat Gold im Mund.
Wer länger schnarcht, bleibt auch gesund;
doch Du, mein Freund, sollst früh aufstehn
und auf die große Reise gehn.
Auf dieser Reise wünsch ich Dir
von Herzen Spaß und – viel Pläsier!

Laß Dich nicht aufhalten!

Stubenhockers Ahnen
müssen immer mahnen,
warnen vor der Reise.
Höre ihre Weise:
Möchtest nach Italien?
Wer soll das bezahlien!
Möchtest nach Tunesien?
Bist dort schon gewesien!
Möchtest gar nach Indien?
Wirst den Weg nicht findien!
Reisen, fliegen, fahren
bringt Dir nur Gefahren…

Ich bin nicht so einer:
Wünsch Dir Glück, mein Kleiner!

Zur Silbernen und Goldenen Hochzeit

Zum Hochzeitstag in Silber

25 Jahre
sind eine lange Zeit.
25 Jahre
brachten Freud und Leid.
Die nächsten 25
soll Freude überwiegen.
Viel Lieb und Glück! Ihr sollt Euch
nie in die Haare kriegen!

Denkt gerne an die Zeit zurück

Schon »25« ist es her.
Die Jahre war'n oft hart und schwer.
Denkt gerne
an die Zeit zurück.
Lacht selber,
und Euch lacht das Glück!

**Vom erwachsenen Sohn
oder von der erwachsenen Tochter**

Einstmals war der Brautkranz grün,
heute ist er silbern.
Laßt noch mal vorüberziehn
die Zeit in bunten Bildern.
Eure Kinder wurden groß,
die manchmal Euch geplagt.
Ihr trugt geduldig Euer Los.
Dafür sei Dank gesagt!

Golden soll die Zukunft sein

Silberstreifen hat Dein Haar,
silbern ist der Kranz.
Silberbraut, wie wunderbar!
Sei vergnügt beim Tanz.
Du, mein Silberbräutigam,
siehst den Silberstreif,
der am Horizont aufkam.
Pack ihn: Nimm und greif!
Golden soll die Zukunft sein,
die wir akzeptieren.
Bleibt stets froh vereint zu zwein,
dann kann nichts passieren!

Ich stoß auf Euer Wohlsein an!

'ne kesse Sohle aufs Parkett
zum heut'gen Tage wäre nett.
Dazu noch Braten, guter Wein,
gemütliches Beisammensein,
ein bißchen Träumen, Rückschauhalten,
das wär wohl recht für Euch zwei »Alten«.
Nein, alt seid Ihr noch lange nicht,
Ihr tut noch beide Eure Pflicht,
seid fit und haltet Euch gerade.
Zum Rasten seid Ihr viel zu schade,
trotz runde 50 als Frau und Mann.
Ich stoß auf Euer Wohlsein an!

Gruß und Dank

50 Jahre treu vereint
gingt Ihr durch das Leben.
War der Weg sehr lang? Mir scheint,
er war nicht immer eben.
Doch die Zeit verging so schnell
's war ein richtiges Jagen.
Heute bin ich nun zur Stell,
Gruß und Dank zu sagen.
50 Jahre treu vereint
habt Ihr heut geschafft.
Für noch 20, wie mir scheint,
habt Ihr Mut und Kraft!

Zur Eisernen Hochzeit

Ihr hattet eisernen Willen,
und heute zur Eisernen Hochzeit
weiß ich, daß Ihr trotz allem
recht fit und munter doch seid!
Ihr hattet selten Kummer
und littet nie an Brot not,
Ihr habt geschafft und werdet
nicht über dieses Lob rot.
Seid stolz auf Euer Leben!
Ihr freut Euch und Ihr lacht gern.
Der Herrgott geb den Segen,
der über Euch auch wacht fern!

Diamantene Hochzeit

Was sind denn 60 Jahre?
Nur eine kurze Zeit!
Schon gar nichts, wenn wir's messen
heut an der Ewigkeit.
Und doch sind 60 Jahre
so viel, wenn man's bedenkt.
Es seien noch 20 Jahre
gemeinsam Euch geschenkt!

Zum Richtfest

Die Richtkrone auf dem Dach

Mit der Krone auf dem Dach
ist das Haus gerichtet,
fest gemauert ist das Fach,
doch noch nicht gerichtet.
Auch der Mauer fehlt der Putz;
lang wird's nicht mehr dauern,
und ihr sitzt zum eig'nen Nutz
in den eigenen Mauern!

Richtfest ist heut!

Ein Häuschen mit Garten,
das wünscht Ihr Euch sehr.
Ihr mußtet lang warten,
zu bauen ist schwer,
bringt Kummer und Sorgen,
bringt Freuden und Leid.
Es bleibt nicht verborgen:
Das Richtfest ist heut!
So möge dies Haus
stehn auf festem Grund,
die eingehen und aus-,
seien froh und gesund!

Zur Einweihung

Mein Wunsch ist ein Rätsel,
das Euch nicht betrübe:
Das erste gibt Wärme
und reimt sich auf »Hiebe«.
Das zweite, Ihr Lieben,
Ihr werdet's erraten,
übers zweite bestimmen
die Potentaten,
die Großen der Welt
halten ihn nicht zurück.
Das dritte im Bunde,
es reimt sich auf »Stück«.
Jetzt habt Ihr meine drei
Wünsche bei'nand,
als LIEB – FRIEDEN – GLÜCK
sind sie Euch bekannt.

Der erste Schritt

Die erste eigene Wohnung
ist ein großes Geschenk.
Glaubt mir, daß ich mit Freuden
an Euer Glück heut denk.
Ihr zieht in eig'ne vier Wände,
habt Kosten nicht gescheut.
Ganz sicher, daß Ihr diesen
Umzug niemals bereut!

Einweihungsfeier

Endlich darf es sein:
Ihr zieht morgen ein
in die neue Wohnung.
Gibt es als Belohnung
eine Schmauserei?
Ich wär gern dabei!

Neu und alt

Eure Wohnung, die ist neu.
Ihr schlaft nicht mehr auf der Streu!
Unsre Freundschaft, die ist alt.
Wünsch mir, daß sie nie erkalt!

Gratulation

Ihr habt Euch lange drum bemüht,
und der Erfolg ist nicht verfrüht.
Dies habt Ihr endlich nun davon:
Zwei Zimmer, Küche, Bad, Balkon…
Herzliche Gratulation!

Zu verschiedenen Anlässen

Fortuna war Dir hold

Frau Fortuna war Dir hold,
brachte Dir Gewinn und Gold.
Zu dem Treffer jüngst im Lotto
freut sich nicht nur Onkel Otto,
sondern aus der Ferne ich
grad wie Du ganz sicherlich!

Dem Tipp-Sieger

Oh, man nahm Dich auf die Schippe,
denn Dein ständiges Getippe
hielten wir für übertrieben.
Sieger bist Du doch geblieben.
Ja, Du hattest was davon.
Herzlichst: Gratulation!

Für Papa

Lieber Paps, Du hast entdeckt,
daß Dir das Essen wieder schmeckt
und auch ein kühles Fläschchen Bier.
Und so vermuten wir nun hier,
das hat wohl seinen Grund:
Der Vati ist wieder gesund!

Der Mutter zur Genesung

Es freuen sich die Kinder,
der Vati, Opa und
die Omi und die Katze:
Mama wird wieder gesund!
Ich kann es kaum erwarten,
bald bist Du wieder hier
bei uns in unserer Mitte.
Mama, ick liebe »Dir«!

Genesungswunsch für die unabkömmliche Sekretärin

Ohne Ihre strenge Ordnung
geht hier alles krumm und schief.
Keiner ist hier, der für Sie mir
tippen könnte einen Brief.
Einen Brief, der Ihnen sagt,
daß ich umkomm fast vor Gram,
wenn ich denke, daß Sie krank sind!
Deshalb heut dies Telegramm:
Werden Sie recht bald gesund!
Die Belegschaft grüßt Sie, und
Ihr Chef X. X.

Zum 40jährigen Jubiläum

Was sind schon 40 Jahre Zeit
gemessen an der Ewigkeit?
Mein bester Freund, bleib weiter jung,
und – immer auf dem Sprung!

Pingpong!

Das Leben ist ein Pingpongspiel,
geht immer hin und her.
Spring Du, mein Bester, nicht mehr so viel
und nimm es nicht zu schwer!
Ich wünsch zum Jubiläum heut
Dir Frieden und Zufriedenheit.

Freuden des verdienten Ruhestands

Du darfst nun Schmetterlinge fangen,
und Grillen, die im Grase sitzen,
darfst nach den süßen Trauben langen
und Herzchen in die Rinden ritzen.
Du darfst mit Deiner Liebsten kosen,
streifst durch den Forst im grünen Rock.
Du streust Dir selbst den Pfad voll Rosen
und sagst zum Arbeitstrott: Null Bock!

Sie wollen uns verlassen!

Die Arbeit tut dem Menschen gut.
Wer seine Arbeit eifrig tut
jahraus, jahrein, der darf auch rasten.
Nach vielen Jahren Schuften, Hasten
hat er den Ruhestand verdient.
Auch Ihnen diese Hoffnung grünt;
man muß sich nur daran gewöhnen!
Den Lebensherbst sich zu verschönen,
ist ein Verdienst und keine Gnade.
Doch daß Sie gehen, das ist schade.
Sie machen heut sich auf die Socken,
da bleibt kein einz'ges Auge trocken.
Die Abschiedsschluchzer sollen sagen,
wie gern wir Sie doch alle haben!

Zur Pensionierung

Sei froh und zufrieden,
behalt Deine Ruh.
Trink Wein und hab immer
das Kleingeld dazu!

Abschiedsgesang

Wir singen Dir aus voller Brust:
Dein Herz sei stets voll Sonne!
Dir war die Arbeit eine Lust,
der Ruh'stand sei Dir Wonne!

Glückwunsch dem Aussteiger

Du, was hört ich? Ei, der Daus!
Bei der Firma steigst Du aus?
Möchtest jetzt in Rente gehen,
Dir die schöne Welt besehen?
Ja, dies magst Du – ehrlich – sehr.
Glückwunsch dem Verweigerer!

Zu Weihnachten und Silvester

Adventsgruß

Frohe Adventszeit dem Vater und
der lieben Mutter sowie – dem Hund.
Mein Gruß, er soll Euch das Warten
verkürzen,
die dunklen Tage ein wenig würzen
mit Liebe und Euch sagen geschwind:
Es denkt an Euch – wenn auch fern! –
Euer Kind.

Jeden Tag ein Stück vom Glück

In der stillen Zeit,
wenn's die Flocken schneit,
komme ich daher;
wünsch Dir recht viel Glück,
jeden Tag ein Stück
und noch viel, viel mehr.
Wünsch Dir Geld und Gut,
immer frohen Mut,
einen heit'ren Sinn.
Auch wenn ich nur ein
guter Freund und kein
Weihnachtsengel bin.

Frohes Fest

Viele schöne Sachen,
die Dir Freude machen,
hast Du schon bekommen.
Einfach ohne fragen
»Frohes Fest« zu sagen,
ist mir nicht genommen.

Ohne Trunk und Völlerei

Heut am Heil'gen Abend
klingt das Glockenspiel.
Viele liebe Grüße,
und futtert nicht zuviel!

Frohe Weihnacht

Hab ein Telegramm geschrieben,
weil wir Dich von Herzen lieben,
und so wünschen wir Dir heut
eine stille, schöne Zeit.
Kehrt das Christkind bei Dir ein,
wird's 'ne frohe Weihnacht sein!

Rutsch in ein Glücksjahr!

Prickelnd wie Sekt,
Rund wie ein Ball
Oder die Erde,
Sei's nächste Jahr.
Trügerisch ist
Nicht dieser Wunsch.
Ein Wahrsager meinte
Und kann es beschwören,
Jetzt kommt die Zeit:
Alle, die Wünsche
Haben und hoffen,
Rutschen ins Glück!

Der Wahrsager

Soll ich wahrsagen
in den letzten Tagen
vom alten Jahr?
Na, klar!
Ich sag Dir wahr
fürs nächste Jahr:
In ihm klappt alles
wunderbar!!

Silvesterfreude

Silvesterfreude
bescher ich Dir heute;
im neuen Jahr
wird's wunderbar.
Viel Glück und Segen
auf allen Deinen Wegen!

Dank an Freunde

Allerherzlichst danken wir
für den Glückwunsch auf Papier,
den die Post ins Haus uns brachte,
der uns echte Freude machte.
Ja, das Feiern ist vorüber,
doch nun wissen wir, mein Lieber,
ganz genau'stens: unterdessen
haben uns Freunde nicht vergessen!

Wichtige Anlässe für ein Telegramm

Wichtige Anlässe für ein Telegramm

Wichtige Anlässe für ein Telegramm

Berta Hummel

1909 in Niederbayern geboren, wies bereits als Kind eine ungewöhnliche Begabung für das Zeichnen und Malen auf. Nach ihrer Schulzeit besuchte sie in München die Staatsschule für angewandte Kunst. Zur großen Überraschung ihrer Mitschülerinnen trat Berta Hummel ins Franziskanerinnenkloster Siessen bei Saulgau ein. Schwester Innocentia, wie sie von nun an hieß, schuf zunächst religiöse Motive und zeichnete später die reizenden Kinderbilder, welche »die Hummel« über Europas Grenzen hinaus bekannt machten.
Viel zu früh, im Alter von 37 Jahren, starb die begabte Künstlerin, die unserem Jahrhundert eine so große Anzahl liebevoll gestalteter Farbzeichnungen geschenkt hat.